Masallar ve Ben

Mit herzlichem Dank an das
Fachseminar Türkisch 2019/21 Dortmund.

Melike Hıdır, Nurcan Kuruçay

Masallar ve Ben

Ernst Klett Sprachen
Stuttgart

Bildquellenverzeichnis:
9,10,11,12,13,14,15,16,17,18,19,20,21,22,23,24,25,26,27,28,29,30,31,32,33,34,35,36,37, 38,39,40,41,42,43,44,45,46,47 123RF.com (Nina Piankova), Nidderau; **50.1** Nurcan Kurucay; **50.2** Nurcan Kurucay; **51.1** Nurcan Kurucay; **51.2** Nurcan Kurucay; **51.3** Nurcan Kurucay; **51.4** Nurcan Kurucay; **52.1** Nurcan Kurucay; **52.2** Nurcan Kurucay; **52.3** Nurcan Kurucay; **52.4** Nurcan Kurucay; **52.5** Nurcan Kurucay; **52.6** Nurcan Kurucay

1. Auflage 1 5 4 3 2 1 | 2024 23 22 21

Alle Drucke dieser Auflage sind unverändert und können im Unterricht nebeneinander verwendet werden.
Die letzte Zahl bezeichnet das Jahr des Druckes.
Internetadresse: www.klett-sprachen.de

Beratung und Lektorat: Yavuz Kılıç
Sprecher: Mikail Kuruçay, Hülya Tutak
Projektkoordination: Elena Bergmann

Layoutkonzeption: Andreas Drabarek
Gestaltung und Satz: Satzkasten, Stuttgart
Illustrationen: Karoline Jakubik, Dortmund
Umschlaggestaltung: Andreas Drabarek
Umschlagbild: Karoline Jakubik, Dortmund

Druck und Bindung: Plump Druck & Medien GmbH, 53619 Rheinbreitbach

Printed in Germany

ISBN: 978-3-12-528857-7

9 783125 288577

İçindekiler

Çözümler için www.klett-sprachen.de sayfasına gir ve **gusrgch** codunu sağ taraftaki kutuya yaz.

Zu diesem Buch gibt es Hördateien, die mit der Klett-Augmented-App geladen und abgespielt werden können.

Klett-Augmented-App kostenlos downloaden und öffnen

Bilderkennung starten und diese Seite scannen

Medien laden, direkt nutzen oder speichern

Falls Sie keinen Zugriff zur Klett-Augmented-App haben, finden Sie die Hördateien auch unter dem Online-Code **gusrgch** auf www.klett-sprachen.de

Önsöz

Sevgili Masal Okuru,

Elinde tuttuğun kitap senin masal kitabın. Bu kitabı kendi hayallerinle doldurabilirsin. Kitabın ilk sayfalarında Çağlar ve Zeliha'yla tanışacaksın. Bu arkadaşların sana her masalda eşlik edecek. Daha sonra sen de kendi resmini çizip kendini tanıtacaksın çünkü sen de bu kitabın bir parçasısın.

Senin için birbirinden farklı beş masal yazdık. Belki aralarından bir masalı ya da masal kahramanını tanıyabilirsin. Eğer tanımıyorsan artık vakti geldi. Her masalın ilk sayfasında kırmızı elmalar göreceksin. Bu elmalar sana masalların zorluğunu gösterecektir. Bir elmalı masal kolay, üç elmalı masal ise zor ve daha uzundur. Ayrıca masaldaki resimler ve sayfa sonundaki sözcük anlatımları sana yardımcı olacaktır. Bazı sözcükleri masalın altında satır sayısıyla ve kırmızı renkle açıkladık.

Masalları daha iyi anlayabilmen için sana okuma öncesi farklı alıştırmalar hazırladık. Masalları okuduktan sonra da masallarla ilgili alıştırmaları yapabilirsin.

Masallardan sonra okuduklarını değerlendirmen için sana iki sayfa ayırdık. Bize de bir dönüt verirsen çok seviniriz. Son sayfalarda artık bir şeyleri üretme sırası sende.

Masalları ister oku ister dinle. Belki annen ve baban da masallarda sana eşlik eder. Şimdi okumaya başlayabilirsin.

Bir varmış bir yokmuş...

Sana bu masal kitabıyla bol eğlenceler dileriz.
Sevgilerimizle.

Melike Hıdır & Nurcan Kuruçay

Tanışma Vakti

Merhaba arkadaşım, benim adım Zeliha. On iki yaşındayım. Masal dinlemeyi çok severim. Annem bana hep Keloğlan Masalları'nı okurdu. Şimdi de sen masalları bizden dinle ve hayal kur.

Hoş geldin! Ben de Çağlar. On bir yaşındayım. Bizimle masal okumaya hazır mısın? Haydi sen de kendini tanıt.

Adın ne?	....
Kaç yaşındasın?	....
Okumayı seviyor musun?	....
Hangi masalları biliyorsun?	....
En sevdiğin masal hangisi?	....

Bu Benim...

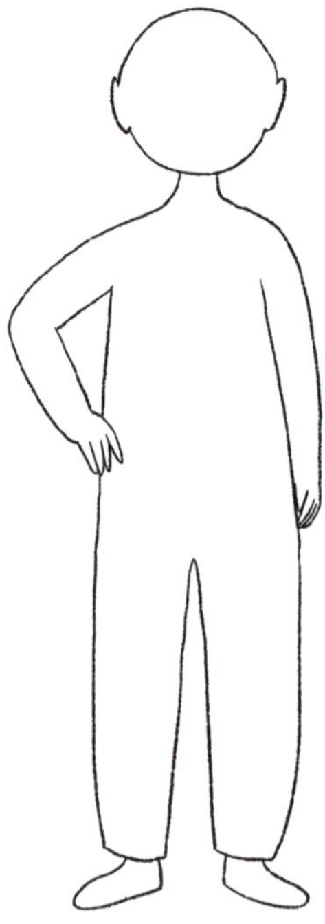

Kapak resmine bak. Hangi kahramanları görüyorsun? Kutuya yaz.

Okuma Öncesi Alıştırmalar

Mutluluk Şerbeti

1. **Sence insanlar kendini mutlu eden bir şerbeti neden içmek ister? İşaretle.**

   - [ ] Zengin olmak için içmek ister.
   - [ ] Sağlıklı yaşamak için içmek ister.
   - [ ] İyi not almak için içmek ister.
   - [ ] Anne ve babaya yardım etmek için içmek ister.

2. **Anne ve baba sözcüklerini duyunca aklına ne geliyor? Dairelerin içine yaz.**

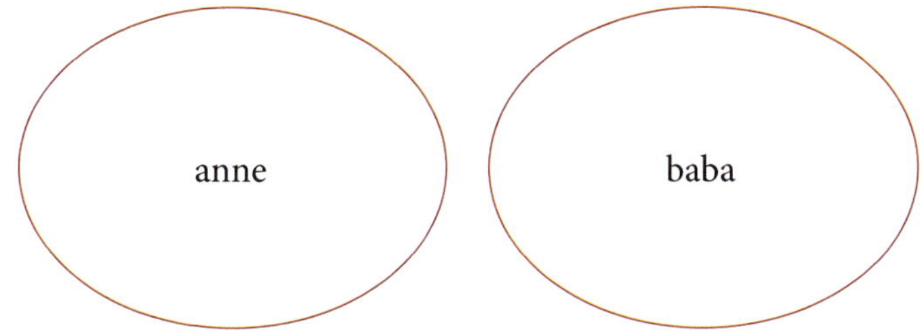

3. **Bulmacadaki beş sıfatı bul ve üzerini renkli kalemle çiz.**

b	ç	a	l	ı	ş	k	a	n
r	i	g	e	ö	y	p	k	o
h	a	s	t	a	d	b	ı	y
g	ü	ş	l	z	j	n	l	r
o	l	d	c	m	u	t	l	u
v	r	a	h	a	t	k	ı	f

sıfat insanların veya eşyaların nasıl olduklarını gösteren sözcük türü, örneğin büyük, güzel

1 1 Mutluluk Şerbeti

Bir varmış bir yokmuş. Evvel zaman içinde, kalbur saman içinde, develer tellal, pireler berber iken, ben babamın beşiğini tıngır mıngır sallar iken, kocaman bir bahçesi olan küçük bir ev varmış. Güneş ışığı bu bahçenin her yerini ısıtırmış.

Bu evde anne, baba ve kızları Ayperi yaşarmış. Ayperi çalışkan ve akıllıymış. Annesi ve babası onunla bahçelerinde vakit geçirmeyi çok severmiş. Günün birinde Ayperi'nin annesi hastalanmış. Babası geçinebilmek için sabahtan akşama kadar tek başına çiftliklerinde çalışıyormuş. Çiftliklerinde inek, tavuk ve at besliyorlarmış. Ayperi, babasına her zaman yardım ediyormuş ama çok yoruluyormuş.

9 **geçinebilmek** para derdi olmadan yaşayabilmek

Yaşadıkları ülkede çok büyük bir şato varmış. Bu şatonun dört yanı kulelerle çevriliymiş. Ülkenin prensesi bu şatoda yaşarmış. Ayperi, prensese imreniyormuş.

Bir gün Ayperi'nin babası onu ilaç alması için kasabaya yollamış. Yolu kısaltmak için ormandan geçmiş. Birden çalılıklardan bir ses duymuş. Dikkatlice oraya doğru yürümüş ve kendi kendine konuşan bir tilki görmüş. Ayperi, tilkinin yanına gitmiş. Bu tilki insanlarla konuşma ve onları anlama yeteneğine sahipmiş. Birden ayak sesi duymuş ve korkarak arkasına dönmüş. "Merhaba Ayperi. Sen miydin? Seni çocukluğundan beri tanıyorum. Çok çalışkan bir kızsın. Ailene hep yardım ediyorsun. Aferin sana!" demiş. Ayperi çok şaşırmış ve tilkiye "İnanamıyorum! Sen nasıl konuşabiliyorsun?" diye sormuş. Tilki, Ayperi'ye cevap vermiş "Ben ormanın derinliklerinden geliyorum. Orada bir cadı yaşıyor. Bana bir zamanlar bir büyü yaptı. Bu büyüden beri insanlarla konuşabiliyorum. Buraya her geldiğimde sizi uzaktan gözetliyorum. Ama uzun zamandır anneni çiftlikte göremiyorum ve bunun sebebini merak ediyorum." Ayperi tilkiye anlatmaya başlamış. "Annem hastalandı. Ona ilaçları benim almam gerekiyor çünkü babam bütün gün çalışıyor. Babam da ben de çiftlikte çok yoruluyoruz. Düşünüyorum da ülkemizin prensesi gibi rahat bir hayat sürmek ne kadar güzel olurdu." diye yakınmış. Tilki düşünmüş ve "İstersen seni ormandaki cadıyla tanıştırabilirim. Sana yardım edebilir." demiş. Ayperi duyduklarına çok sevinmiş ve tilkinin teklifini kabul etmiş. Birlikte yola düşmüşler ve ormanda yaşayan cadının yanına gitmişler. Cadı büyük bir ağacın altında, küçük bir evde yaşıyormuş. Evin pencerelerinden gelenleri gözetliyormuş.

---

3 imrenmek beğendiği bir şeyi istemek | **4 kasaba** şehirden küçük ama köyden büyük olan yer | **8 yetenek** bir şeyi çok iyi yapmak | **17 gözetlemek** gizlice gözle takip etmek | **22 yakınmak** şikayet etmek | **25 kabul etmek** bir şeye evet demek

Cadı yanlarına gelmiş. Tilki, cadıya neden geldiklerini anlatmış. "Göl kenarında hep Ayperi'yi görüyorum. Her gördüğümde çiftlikte çalışıyor. Annesi çok hastaymış. Belki ona yardım edebilirsin. Bu yüzden birlikte sana geldik." diye cadıya seslenmiş. Tilkiyi dinledikten sonra cadı, Ayperi'ye bakmış. "Sana bir şerbet hazırlayacağım. Bu şerbeti içmeden önce bir dilek tut ve isteğine ulaş." demiş. Ayperi çok heyecanlanmış ve sevinmiş. Cadı "Ama sana şerbeti vermeden önce bir soru soracağım. Cevabını bilirsen, şerbet senindir." demiş. Cadı, şerbetiyle insanları kötülüğe itmeye çalışırmış. Kendine güvenen Ayperi, cadıya "Hazırım, sorabilirsiniz." diye haykırmış. Cadı gülmüş ve "Ağaca bak. Bu ağacın 12 dalı, her dalın da 40 yaprağı var. Şu ağaçta kaç yaprak var?" diye sormuş. Ayperi hesaplamaya başlamış. Cadı "Haydi, cevabını ver artık!" diye baskı yapmış. Ayperi gülümsemiş ve "Ağacın tam 480 yaprağı var." diye cevap vermiş. Cadı "Gerçekten çok akıllı bir kızsın. Senin için şerbeti hazırlayacağım." demiş ve evine girmiş. Bu sırada Ayperi ne dilemek istediğini düşünmüş. Bir an gözlerini kapatmış ve rahat bir hayatı, yani prenses olmayı hayal etmiş:

Hayalindeki oda çok büyükmüş ve yatağı rahatmış. Ayperi'nin dolabında uzun elbiseler varmış. Çekmeceler taçlarla doluymuş. İlk önce bir prenses gibi giyinmiş. Daha sonra süslenmiş ve odasından çıkmış. Hayalindeki ev çok büyükmüş. Evin odalarını tek tek gezmiş ve kendini prenses gibi hissetmiş. Son odaya girmiş ve yatakta hasta annesini görmüş. Annesini öyle görünce üzülmüş ve hayalinden uyanmış. O an Ayperi ne dilemek istediğini anlamış.

Cadı elinde kırmızı bir şerbetle evinden çıkmış. Şerbeti Ayperi'ye uzatmış ve "Dile ne dilersen!" demiş. Ayperi eline şerbeti almış ve

---

7 (bir) isteğe ulaşmak istediğimiz bir şeyi başarmak | **14 baskı yapmak** zorlamak | **19 hayal etmek** gözünde canlandırmak

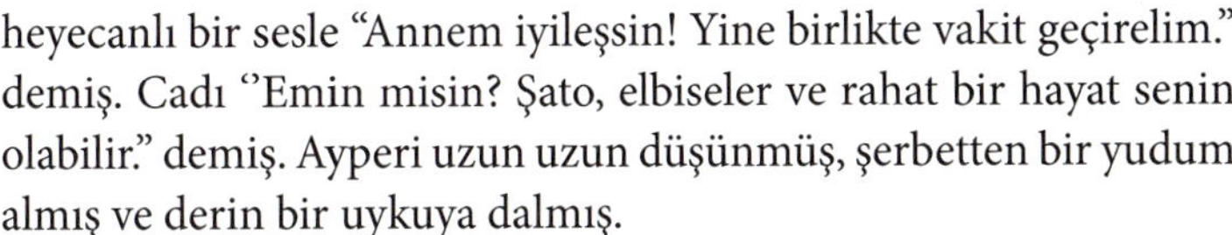

heyecanlı bir sesle "Annem iyileşsin! Yine birlikte vakit geçirelim." demiş. Cadı ''Emin misin? Şato, elbiseler ve rahat bir hayat senin olabilir." demiş. Ayperi uzun uzun düşünmüş, şerbetten bir yudum almış ve derin bir uykuya dalmış.
Sabah olmuş ve Ayperi kendi yatağında uyanmış. Şaşkın bir şekilde yataktan kalkmış ve odasından çıkmış. Bütün odaları gezmiş. Anne ve babasını aramış. Fakat onları bulamamış. Bahçeye çıkmış ve bir de ne görsün? Annesi iyileşmiş ve babasıyla bahçede oturuyorlarmış. İlk önce gördüklerine inanamamış. Ayperi koşa koşa anne ve babasının yanına gitmiş. Onlara sarılmış ve "Anneciğim, babacığım, sizi çok seviyorum." demiş. O günden sonra annesi tekrar babasına çiftlikte yardımcı olmuş. Ayperi'yle yine eskisi gibi mutlu bir aile olmuşlar.

Onlar ermiş muradına, darısı buradakilerin başına.

Okuma Sonrası Alıştırmalar

1. **Masalda kimler geçiyor? Kutulara yaz.**

2. **Soruları cevaplarla eşleştir. Renkli kalem kullan.**

Sorular	Cevaplar
1. Ayperi nerede yaşarmış?	a) Annesine ilaç almak için. [İ]
2. Ayperi neden kasabaya gitmiş?	b) Cadı, Ayperi için kırmızı bir şerbet yapmış. [K]
3. Tilki neden konuşabiliyormuş?	c) Ayperi'nin annesi iyileşmiş ve aile mutlu yaşamış. [İ]
4. Cadı ne hazırlamış?	ç) Ayperi bir çiftlikte yaşarmış. [T]
5. Masalın sonunda ne olmuş?	d) Çünkü cadı ona bir büyü yapmış. [L]

Cevap: T __ __ __ __
1 2 3 4 5

3. Dinle ve boşluklara doğru sözcüğü yaz. 2

a) Bir zamanlar cadı, tilkiye bir .... yapmış. O günden sonra tilki konuşabilmiş.

b) Çünkü o da prenses gibi .... bir hayat istiyormuş.

c) Masalın sonunda annesi .... ve ailesiyle mutlu bir hayatı olmuş.

4. Sıfatların karşıtlarını çizelgeye yaz. Zorluk çekersen sayfa 9'a bakabilirsin.

tembel	
akılsız	
mutsuz	
zor	
sağlıklı	

5. Masalın dersi nedir? Doğru seçeneği işaretle.

☐ Prenses olunca tüm sorunlar çözülür.

☐ Hayatta en önemli şeyler aile ve sağlıktır.

☐ Çocuklar anne ve babasına yardım eder.

Okuma Öncesi Alıştırmalar

İkiz Prenslerin Sınavları

1. Sayfa 18'deki resme bak ve soruları cevapla.

a) Balkonda duran kim olabilir?

....

b) Balkonun önünde duran insanlar kim olabilir?

....

c) Balkon konuşmasının konusu ne olabilir?

....

2. Uygun cevabı işaretle ve soruyu cevapla.

a) Kardeşin var mı?

☐ evet ☐ hayır

b) Kardeşinin en çok hangi huy ve davranışını seviyorsun? Eğer kardeşin yoksa, onun hangi özellikleri taşımasını isterdin? Kısaca yaz.

....

....

....

2 İkiz Prenslerin Sınavları

 3

Bir varmış, bir yokmuş. Evvel zaman içinde, kalbur saman içinde, bilinmeyen büyük bir ülkede güzel bir şato varmış.
Bu şatoda adaletli ve yaşlı bir kral yaşarmış. Kralın iki yetişkin oğlu varmış. Oğulları ikizmiş ama iki kardeş birbirine hiç ama hiç benzemiyormuş. İki kardeşin huyları ve davranışları çok farklıymış. Kralın bir oğlu sarışın, iyi niyetli ve kibarmış. Şatoda yaşayan ve çalışan insanlar ona ''Kibar Prens'' dermiş. Kralın diğer oğlu esmer, çok kaba ve sertmiş. Bu prense de şatodakiler ''Kaba Prens'' dermiş.

ikiz

Günler geçmiş ve adaletli kral "Ben artık yaşlandım ve oğullarım büyüdü. Onlardan biri benim yerime bu ülkenin kralı olsun." diye düşünmüş. "Acaba hangi oğlum yerime geçsin? Haksızlık olmasın. En iyisi onlara bir sınav yapmak. Adaletli ve iyi niyetli olan kazansın." diye aklından geçirmiş ve oğullarını huzuruna çağırmış.
Kral "Oğullarım, ben yaşlandım ve sizler büyüdünüz. Benim yerime artık sizden biri geçsin. Size üç sınav yapacağım." demiş.
Kibar Prens ve Kaba Prens babalarının sözlerine çok şaşırmışlar.
Kral sözlerine devam etmiş. "İlk sınavınız şatonun balkonuna çıkmak ve halka seslenmek. Bugün biriniz, yarın diğeriniz. Daha fazla dinleyeni olan kazanacak."
İki prens heyecanlanmış. Kibar Prens ikizine "Sana bol şans dilerim." demiş fakat Kaba Prens hiç cevap vermeden odadan çıkmış.

---

4 adaletli herkese ve her şeye aynı hakkı tanıyan | **4 yetişkin** artık çocuk olmayan | **6 huy** alışkanlık | **6 davranış** hareket | **7 kibar** davranışları iyi olan | **9 kaba** davranışları sert olan / kibar olmayan | **14 sınav yapmak** test etmek | **15 huzuruna çağırmak** yanına çağırmak

İlk önce Kibar Prens balkona çıkmış ve halka gelmeleri için ricada bulunmuş. İnsanlar prensin ricasını duymuş ve balkon konuşmasına koşmuş.

Kibar Prens bu kadar çok insanın gelmesine sevinmiş ve konuşmasının sonunda herkese teşekkür etmiş. Kaba Prens kalabalık halkı görmüş ve sinirlenmiş. İkinci gün balkona o çıkmış ve yüksek sesle "Ey halk, size emrediyorum! Hemen buraya toplanın!" diye bağırmış. İnsanlar, Kaba Prens'i duymuş fakat kimse gitmemiş. Durumu gözetleyen kral gülümsemiş ve Kibar Prens'e "Oğlum, ilk sınavı sen kazandın. İnsanlara bağırmadın. Onlara tatlı sözler söyledin. Demek ki seni daha çok sevmişler." demiş. Kibar Prens bu duruma sevinmiş.

---

2 ricada bulunmak bir şey dilemek | **6 kalabalık** çok insanın bir arada olması | **9 gözetleyen** gizlice gözle takip eden

Kral, oğullarını tekrar huzuruna çağırmış. “Gelelim ikinci sınava. Ormanda büyük bir elma ağacı var. Altında ise bir hazine sandığı saklı. Bu sandıkta altınlar ve elmaslar var. Ama bu sandığın önünde hırçın bir ayı yatıyor. Hanginiz hazine sandığını şatoya getirirse ikinci sınavı kazanır.” demiş. Kaba Prens “Ama ayının yanından nasıl geçeriz?” diye sormuş. Kral “İşte orasını da siz düşünün.” diye cevap vermiş.

Kaba Prens çok beklememiş ve sabahın erken saatinde yola çıkmış. Ormana girmiş ve büyük elma ağacını bulmuş. Bir de ne görsün? Önünde yatan ve onunla konuşan bir ayı! Kaba Prens ilk anda biraz ürpermiş. Ayıya yaklaşmış ve yerde bulduğu bir sopayla ayıyı kaldırmaya çalışmış. Kaba Prens’i gören ayı “Sen ne yapıyorsun? Beni bu odun parçasıyla kaldıracağını mı sanıyorsun?” diye sormuş. Prensin elinden sopayı almış ve onu kovalamış. Kaba Prens elleri boş şatoya koşmuş.

Bu sefer Kibar Prens yola çıkmış. Akıllı prens yanına bir sepet dolusu armut almış. Armutları gören ayı “O sepetin içinde armut mu var?” diye sormuş. Kibar Prens “Evet, ama bu kadar armudu kendim yiyemem. Sen de ister misin?” diye sormuş ve sepeti ayıya uzatmış. Ayı çok sevinmiş “Tabii ki isterim. Teşekkür ederim.” demiş. Kibar Prens ayının yanına oturmuş ve bir süre sohbet etmişler. Prens ona sınavdan bahsetmiş. Ayı prense güvenmiş ve oturduğu yerden kalkmış. Kibar Prens sandığı almış ve şatoya geri dönmüş. İkinci sınavı da Kibar Prens kazanmış.

---

2 hazine değerli eşyaların korunduğu yer, *burada:* altın | **4 hırçın** sinirli | **11 ürpermek** korkmak | **16 sepet** sapı olan, çanta gibi kullanılan bir kap

Kral, ikiz oğullarını üçüncü sınavı söylemek için tekrar huzuruna çağırmış. "Komşu ülkenin kralı, kızları için bir balo düzenleyecek. O baloya gidin. Kim beni komşu kralın huzurunda daha iyi temsil ederse, kral o olacak. Çünkü bu son sınav hepsinden daha önemli ve anlamlı." demiş.

Kaba Prens çok sevinmiş. Bu sınavı kazanacağına eminmiş. Şatoya varınca hemen kaba bir şekilde komşu kral ve kraliçeyle konuşmaya başlamış. Komşu kral, Kaba Prens'in sözlerinden hiç hoşlanmamış. Kaba Prens dans etmeye başlamış. Dans etme şekli diğer prens ve prensesleri çok rahatsız etmiş ama Kaba Prens kimseye aldırmamış.

Daha sonra Kibar Prens şatoya varmış. İlk önce kendini kral ve kraliçeye tanıtmış ve kızlarıyla dans edebilmek için izin istemiş. Bu davranış hem kralın hem de diğer konukların hoşuna gitmiş. Balodan sonra Kibar Prens ve Kaba Prens şatolarına dönmüşler. Komşu ülkenin kralı bunun üzerine ikiz prenslerin babasına bir mektup yollamış. Mektupta ilk önce krala teşekkür etmiş ve daha sonra Kibar Prens'i övmüş.

Mektubu sevinçle okuyan kral gülümsemiş. Kibar Prens'e "Üç sınavı da sen kazandın oğlum. Halkımız seni çok seviyor çünkü naziksin. Hazine sandığını sen getirdin çünkü akıllısın. Komşu ülkenin kralı seni sevdi çünkü saygılısın." demiş. "Bu ülkenin yeni kralı sen olacaksın!"

Büyük bir törenle Kibar Prens kral ve Kaba Prens onun yardımcısı olmuş. Sınavları tekrar düşünen Kaba Prens nerede hata yaptığını anlamış ve davranışlarını değiştirmiş.

Onlar ermiş muradına, darısı bu masalı okuyanın başına.

---

2 **balo** danslı ve güzel kıyafetli gece eğlencesi | 3 **temsil etmek** birisinin yerine bir yere gitmek | 9 **hoşlanmamak** beğenmemek | 11 **aldırmamak** duymamış gibi yapmak | 13 **izin istemek** bir şeyi yapabilmek için sormak | 14 **konuk** misafir | 21 **nazik** saygılı | 24 **tören** önemli günlerde yapılan toplantı | 24 **yardımcı** yardım eden

Okuma Sonrası Alıştırmalar

1. Tümcelerin hangileri doğru, hangileri yanlış? İşaretle.

	doğru ✓	yanlış ✗
Prensler ikizmiş ve iki kardeş birbirine çok benziyormuş.		
İlk sınav şatonun balkonuna çıkmak ve halka seslenmekmiş.		
Kaba Prens halkına güzel sözler söylemiş.		
Kibar Prens ayıya armut getirmiş. Beraber oturmuşlar ve sohbet etmişler.		
Kaba Prens ilk önce kendini komşu ülkenin kralına ve kraliçesine tanıtmış.		
Kral yaptıklarını düşünmüş ve değişmiş.		

2. Hangi sıfat hangi kahramana uyuyor? Doğru yere yaz.

sarışın adaletli hırçın nazik sinirli yaşlı esmer saygılı akıllı

Kibar Prens: ....

Kral: ....

Kaba Prens: ....

4 **3. Sınavları Zeliha ve Çağlar'ın diyaloğundaki sırasına göre numaralandır.**

Balkon konuşması sınavı ☐
Hazine sınavı ☐
Balo sınavı ☐

4. Bulmacayı çöz.

Dikey ↓

1. Kibar Prens ayıya ne götürmüş?
2. Ormanda hangi hayvan sandığın önünde yatıyormuş?
3. Komşu ülkenin kralı kızları için ne düzenlemiş?

Yatay →

4. Kibar Prens kral olduktan sonra Kaba Prens onun nesi olmuş?
5. Halka seslenmek için prenslerin çıktığı yer neresi?

5. Hayatta başarılı olmak için hangi huy ve davranışlar yardımcı olabilir? Kısaca yaz.

....

....

....

Okuma Öncesi Alıştırmalar

Değirmende Yedi Peri

1. Keloğlan'ı tanıyor musun? Bildiklerini yaz.

→ ....

→ ....

→ ....

→ ....

→ ....

2. a) Bir periyi nasıl hayal ediyorsun? Resmini çiz.

b) Sayfa 25'i aç ve karşılaştır. Benziyor mu?

☐ evet ☐ hayır

5 3 Değirmende Yedi Peri

Bir varmış, bir yokmuş. Evvel zaman içinde kalbur saman içinde, fakir ve kurak bir köyde garip bir Keloğlan yaşarmış. Keloğlan anasıyla küçük bir evde oturuyormuş. Bu dünyada anasından başka kimsesi yokmuş ve onun gönlünü hoş tutmaya çalışırmış. Ev işlerinde anasına yardım edermiş ve ona karşı gelmezmiş.

buğday

Bir gün Keloğlan'ın anası evde ekmek yapmak istemiş ama evlerinde un kalmamış. Keloğlan'ı yanına çağırmış ve oğluna "Keloğlan'ım, şu buğday çuvalını eşeğe yükle. Köydeki değirmende öğüt ve unu eve getir." demiş.

değirmen

Az gitmiş, uz gitmiş, dere tepe düz gitmiş ve değirmene varmış. Keloğlan'ın şansına o gün değirmenin önünde uzun bir sıra varmış. Keloğlan sıraya girmiş ve akşama kadar beklemiş. Hava kararınca sıra Keloğlan'a gelmiş. "Bugün işimi bitiremedim. Hava da karardı. Bu vakitte yola çıkmak çok tehlikeli, en iyisi sabahı beklemek. Değirmenin içinde bir yere yatayım da biraz dinleneyim." diye düşünmüş.

Keloğlan değirmenin içinde temiz bir yer aramış, yanındaki un çuvalından kendisine bir yastık yapmış ve uykuya dalmış. Gece yarısı Keloğlan birden uykusundan uyanmış. "Bu sessiz sedasız yerde bu sesler nereden gelir?" diye etrafa bakınmış. Bir de ne görsün?

---

3 kurak susuz bir yer | **5 hoş tutmak** birine iyi davranmak | **6 karşı gelmemek** bir şeyi kabul etmek | **9 un** ekmek yapmak için kullanılan en önemli malzeme | **11 öğütmek** *burada:* bir şeyi değirmende toz haline getirmek | **12 uz** *burada:* uzak | **21 sessiz sedasız** ses yapmadan

Değirmen taşının etrafında yedi tane peri zil çalıp oynuyormuş ve sesli şarkılar söylüyormuş.
"Amanıın! Vay kel başıma gelenler! Yedi tane peri! Ben ne yapayım şimdi?" diye düşünmüş. "Sabaha kadar ses çıkarmayayım. Sabahı görürsem kurtulurum çünkü gündüz vakti periler yok olur." demiş ve saklanmak için çuvalın içine girmiş. Perilerin sesleri Keloğlan'a o kadar hoş geliyormuş ki çuvala küçük bir delik açmış ve perileri gözetlemeye çalışmış. Yedi peri bir daire oluşturmuşlar ve şarkı söylemişler. "Ah şu saf köylüler, bolluk içinde yokluk çekerler. Bizim gördüklerimizi görseler, bir daha susuzluk çekmezler. Ormanın içinde kara taşın altındaki pınarın yerini bulsalar, bir daha susuzluktan şikayetçi olmazlar. Ah ne kadar saf şu köylüler."

---

1 değirmen taşı değirmende dönerek buğdayı ezen taş | **1 zil çalıp oynamak** (deyim) çok mutlu olmak | **8 gözetlemek** gizlice izlemek | **8 daire oluşturmak** yuvarlak şekilde durmak | **9 saf** iyi ve temiz kalpli, *burada:* kurnaz olmayan | **9 bolluk** fazlalık | **9 yokluk** fakirlik

Keloğlan, perilerin şarkısını daha iyi duymak için çuvaldaki deliği biraz daha açmış. Keloğlan şaşırmış ve kendi kendine "Acaba perilerin dedikleri doğru mu? Gerçekten ormanda pınar var mı?" diye sormuş. Periler şarkı söylemeye devam etmişler. "Ah şu saf köylüler, bolluk içinde yokluk çekerler. Bizim gördüklerimizi görseler, bir daha açlık çekmezler. Pınardan doksan adım sonra büyük elma ağacı var. Ah şu saf köylüler, bolluk içinde yokluk çekerler."

Keloğlan, perilerin bu sözlerine çok heyecanlanmış. "Amanıın. Ormanda demek ki bir de elma ağacı varmış. Acaba doğru mu? Yarın sabah hemen anama anlatmalıyım." diye düşünmüş.

Yedi güzel peri güneşi görmüşler ve birden değirmenden kaybolmuşlar.

Keloğlan, perilerin kaybolduğunu görmüş, hemen kalkmış ve buğdayını öğütmüş. Eşeğine un çuvalını yüklemiş ve evine dönmüş. Eve varmış ve anasına hemen olanları anlatmış. Anası Keloğlan'ı dinlemiş ve ona "Bak Keloğlan'ım, bizim köylüler yıllardır susuzluk çekiyorlar. Belki perilerin anlattıkları doğrudur. Bir bakmanın ne zararı olur ki? Git ve şansını dene. Köylülerin duasını alırsın." demiş.

Keloğlan anasını dinlemiş ve yola çıkmış. Ormanın ortasında bir de ne görsün? Kocaman bir kara taş. Keloğlan sevinmiş. Birden taş onunla konuşmaya başlamış "Aferin Keloğlan. Pınarın yerini buldun ama ona ulaşmak hiç de kolay değil. Önce bir soru cevaplaman gerekir." demiş ve "İleride iki tane taş var. Bil bakalım hangisi daha ağır?" diye sormuş. Keloğlan düşünmüş ve "Suya daha hızlı batan taş daha ağırdır." diye cevap vermiş. Doğru cevabı duyan kara taş ortadan kırılmış. İçinden tertemiz ve buz gibi su akmaya başlamış. Şaşkın olan Keloğlan köy meydanına koşmuş ve

15 yüklemek taşıma aracına eşya koymak, buradaki taşıma aracı eşek | **28 buz gibi** çok soğuk

köylülere bir pınar bulduğunu anlatmış. Köylüler çok sevinmiş ve Keloğlan'a dualar etmişler.
Pınarı bulan Keloğlan "Acaba pınardan doksan adım sonra gerçekten bir elma ağacı da var mıdır? Doğruysa anama ve köylülere yardım etmiş olurum." diye düşünmüş. Keloğlan tekrar ormandaki pınara gitmiş, doksan adım saymaya başlamış ve karşısına kocaman bir elma ağacı çıkmış. Keloğlan hızlıca elmaları toplamak istemiş ama ağaca yaklaşamamış. Birden ağaç ona seslenmiş "Aferin Keloğlan. Elmaları buldun ama onları toplayabilmen için bir soru cevaplaman gerekir. Bil bakalım bu ağaçta kaç tane elma var?" diye sormuş. Keloğlan "Bu çok kolay. Anamın başındaki saç kadar elma var." diye cevap vermiş. Şaşkın ağaç cevabı nereden bildiğini sormuş ve Keloğlan "Say da gör!" demiş ve gülmüş. Keloğlan tabii ki anasının saçının sayısını bilmiyormuş. Ağacı şaşırtmak için bu cevabı vermiş. İkna etmeyi de başarmış. O an ağaç silkinmiş ve elmalar yere düşmüş. Keloğlan tekrar köy meydanına koşmuş ve onları elma ağacına götürmüş. Köylüler çok sevinmiş ve Keloğlan'a dualar etmişler.
O günden bugüne köyde hiç kimse aç ve susuz kalmamış. Keloğlan da her gün hayır duası almış.

Köylülerin arasında kötü huylu bir adam varmış. Köylülerin elindeki elmaları görünce "Bu fakir Keloğlan bu kadar elmayı nereden buldu? En iyisi Keloğlan'ın anasına sormalı." diye düşünmüş.
Keloğlan'ın evde olmadığı bir gün evlerine gitmiş. Yaşlı kadın şaşırmış ve "Hayrola, sana nasıl yardım edebilirim?" diye sormuş. Adam "Senin kel oğlun elmaları nereden bulmuş da köylülerle paylaşmış?" diye sormuş. İyi niyetli ana, değirmende olan her

16 silkinmek ani bir hareketle üzerinden bir şey atmak | **20 hayır duası** iyi dilekli bir dua

şeyi anlatmış. Kötü niyetli adam duyduklarına inanamamış ve heyecanlanmış. "Ben de bu gece değirmene gideyim. Perileri dinleyeyim. Belki köyümüzde hazine de vardır ve periler gece yerini söylerler. Ben de zengin olurum." diye düşünmüş.
Hemen yola çıkmış ve değirmene varmış. O da Keloğlan gibi bir çuvalın içine saklanmış ve bir delik açmış. Bütün gece yedi güzel perinin gelmesini beklemiş. Vakit geçtikçe değirmen taşına doğru periler gelmeye başlamış. Birinin onları dinleyip dinlemediğine emin olmak için daha önce bir plan yapmışlar. Değirmen taşının etrafında tekrar daire oluşturmuşlar ve şarkı söylemişler: "Ey periler duydunuz mu? Ah şu saf köylüler pınarı ve elma ağacını buldular ama sadece gece görünen mağaradaki hazineyi bulsalar zengin olurlar." Kötü adam duyduklarına sevinmiş ve sabah evine dönmüş. Dinlenmiş ve gece olunca mağaraya ayak basmış. Birden periler mağaranın her tarafına uçmaya başlamışlar. "Acaba bizi dinleyen kimdi? Onu bulmalı hemen şimdi." diye periler seslenmiş. Kısa bir süre sonra şişman ve kötü niyetli adamı bulmuşlar. Periler, adamın elini, ayağını bağlamışlar ve onu dövmüşler. Adam, o geceden sonra pişman olmuş ve utanmış. Köye dönmüş ama kimseye olanları anlatmamış.

Ağaçtan üç elma düşmüş. Biri bu masalı yazana, biri okuyana, biri de paylaşmasını bilene.

12 **mağara** dağlarda ya da kaya içinde olan korunak

Okuma Sonrası Alıştırmalar

1. Masalda Keloğlan nasıl betimlenmiş? Kutulara yaz.

2. Masalı doğru sırasına göre numaralandır. Cevabı aşağıya yaz.

Gece yarısı Keloğlan uykusundan uyanmış.	[Ğ]	
O da Keloğlan gibi bir çuvalın içine saklanmış ve delik açmış.	[E]	
Az gitmiş, uz gitmiş, dere tepe düz gitmiş ve değirmene varmış.	[Ö]	**1**
Ormanın ortasında bir de ne görsün? Kocaman bir kara taş.	[T]	
Adam köye dönmüş ama kimseye olanları anlatmamış.	[K]	
Köylüler çok sevinmiş ve Keloğlan'a dualar etmişler.	[M]	
Yedi güzel peri güneşi görmüşler ve birden değirmenden kaybolmuşlar.	[Ü]	

Cevap: _ _ _ _ _ _ _
1 2 3 4 5 6 7

6 **3. Diyaloğu dinle ve boşlukları doldur.**

a) İlk önce çiftçiler .... tarlada biçerler.

b) Sonra buğday bir .... götürülüyor.

c) Orada buğday değirmen taşı yardımıyla
....

ç) Ondan sonra buğday .... oluyor.

d) Biz de undan .... yapıyoruz.

4. Sen de Keloğlan gibi bir gece değirmende perileri dinleseydin, ertesi gün ne yapardın? Kısaca Çağlar'a ya da Zeliha'ya bir mesaj yaz.

Fikirler: Gecen nasıl geçti? Perileri görünce kendini nasıl hissettin? Perilerin anlattıklarına inanır mıydın? ...

....
....
....
....
....
15:59

5. Köylüler Keloğlan'a neden hayır duası etmişler? Kısaca açıkla.

....
....

Okuma Öncesi Alıştırmalar

Garip Bir Gün

1. Çiftlik sözcüğü deyince aklına ne geliyor? Bildiklerini yaz.

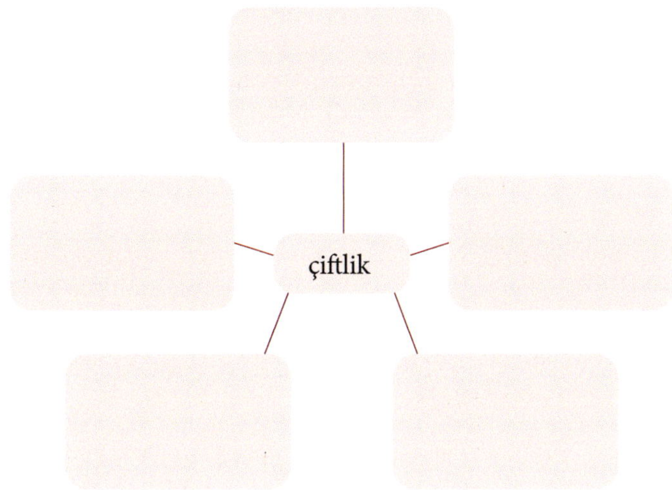

2. Sözcükleri karşıtlarıyla eşleştir. Sıralamaya göre harfleri yaz ve cevabı bul.

1	varlıklı	acımasız	[Z]
2	aç	adaletsiz	[N]
3	merhametli	fakir	[H]
4	ağır	hileci	[E]
5	adaletli	hafif	[İ]
6	dürüst	tok	[A]

Cevap: __ __ __ __ __ __
1 2 3 4 5 6

7 4 Garip Bir Gün

Bir varmış, bir yokmuş. Evvel zaman içinde kalbur saman içinde ülkenin şirin bir köyünde Keloğlan ve anası küçük bir evde yaşarmış. Keloğlan günlerini ormanda geçirirmiş ve orada oynarmış. Çok varlıklı olmadıkları için her gün çalışırmış. Bir gün anası onunla konuşmuş. "Akıllı, kel oğlum benim. Bak bu gece yine aç yattık. Yarın pazara git, çalış da karnımız yemek görsün." Keloğlan para kazanmak için ya ormanda odun toplar ve satarmış ya da çiftçilere yardım edermiş. Karşılık olarak az da olsa para alırmış.

Bir gün anasıyla Keloğlan yine aç kalmışlar. Keloğlan ertesi sabah erkenden kalkmış, eşeğini almış ve yola çıkmış. Ormanda pek odun bulamamış. O gün de canı hiç çiftçilere yardım etmek istememiş. Birkaç saat geçtikten sonra Keloğlan "Amanıın, ne yapsam ki? Aklıma bir şeyler gelmezse anamla bu gece yine aç yatarız." diye kara kara düşünmüş. Sonra birden gülmeye başlamış. "Buldum, buldum. Aklıma çok güzel bir fikir geldi. Ben en iyisi bir tavşan yakalayayım da anam bize güzel bir yemek yapsın. İkimiz de doyarız." diye sevinmiş. Hemen işe koyulmuş. Tavşan avlamak için çalılıkların arasına bir tuzak yerleştirmiş ve beklemiş.

tuzak

---

5 varlıklı zengin | **9 çiftçi** çiftlikte yaşayan ve hayvan besleyen | **20 işe koyulmak** işe başlamak | **20 avlamak** yakalamak

Biraz vakit geçtikten sonra bir tavşan görmüş. Keloğlan sevinmiş. "Ne kadar şanslıyım. Çok beklemeden karşıma bir tavşan çıktı." Tavşan yaklaştıkça Keloğlan şaşırmış. "Neyi var ki bu tavşanın? Sekerek gelmiyor." diye düşünmüş. Daha da yaklaşınca, Keloğlan tavşanın yaralı olduğunu görmüş. "Yazık hayvana! Demek ki bu yüzden yavaş geliyormuş." diye düşünmüş. "Zavallıcık, iki ayağı da yaralı. Acı içinde kıvranıyor ufaklık!" Merhametli Keloğlan bu duruma çok üzülmüş. Tavşan tuzağa girmeden onu hızlıca tutmuş ve kurtarmış. Yaralı hayvanı iyileştirmek için eve götürmeye karar vermiş. Tavşan korkulu gözlerle Keloğlan'a bakmış. Keloğlan ona "Korkma tavşan kardeş seni iyileştireceğim. Senin şimdi ön ayakların yaralı ve halsizsin. Ben sana hiç kıyar mıyım? Hele bir iyileş seni yine ormana bırakacağım." demiş. Keloğlan, tavşanla eve doğru gitmiş.

Yolun üzerinde bir de ne görsün? Kırmızı bir torba. Keloğlan torbayı eline almış "Küçücük torba neden bu kadar ağır ki?" diye düşünmüş ve torbayı açmış. "Amanın! Altınlara bak! Zengin oldum, zengin. Bir daha asla çalışmama gerek kalmayacak!" diye sevinmiş. Sevinirken bir anda durmuş ve kendi kendine "Bu torbayı düşüren çok üzülmüştür. En iyisi ben şu torbayı ağacın altına koyayım da sahibi belki geri gelir de torbasını bulur." diye düşünmüş. Dürüst Keloğlan torbayı bırakmış, tavşanı okşamış ve yürümeye devam etmiş.

---

4 **sekerek** zıplayarak | 7 **kıvranmak** acıdan yerinde duramamak | 7 **merhametli** insan ve hayvanlara acıyan | 22 **dürüst** yalan söylemeyen

Birkaç adım sonra bu yolda daha önce görmediği bir ağaç görmüş. Şaşkınlıkla ağacın büyüklüğünü seyrediyormuş. Ağacın yemyeşil yaprakları varmış. Keloğlan ağacın yapraklarını izlemiş ve dalların arasında birden altın bir kafes görmüş. Kafesin içinde güzel mi güzel bir kuş duruyormuş. Kuşun bembeyaz tüyleri varmış. Keloğlan "Bu kuşu kafese kim koymuş ve ağaca asmış ki? Onu kurtarmak gerekir. Herkesin özgür olmaya hakkı var." diye düşünmüş. Kuş ona "Keloğlan, bana yardım et!" diye yalvarmış. Keloğlan tavşanı yavaşça çimene bırakmış. Ona "Kuşu kafesinden kurtarayım da evimize rahatça gideriz." demiş. Ağaç o kadar yüksekmiş ki Keloğlan dallara çıkmakta zorlanmış. Sonunda çıkmayı başarmış. "Sen ne kadar güzel bir kuşsun. Tüylerin ne güzel parlıyor. Seni bu kafesten kurtarmalı." demiş. Keloğlan kafesi açmış ve kuş özgürlüğüne kavuşmuş. Kuş “Adaletli Keloğlan, sana çok teşekkür ederim. Artık özgürüm.” demiş. Keloğlan yavaşça ağaçtan inmiş, çimene bıraktığı tavşanı usulca kucaklamış ve eve doğru yürümüş. Bütün yaşadıklarına anlam verememiş. “Ne kadar garip bir gün!” diye aklından geçirmiş. Her şeyi anasına anlatmak için sabırsızlanıyormuş. “Anam bunlara inanır mı ki? Para da kazanamadım bugün.” diye düşünmüş. Köye yaklaşınca birden önüne padişahın veziri çıkmış. Vezir, Keloğlan’ın yolunu kesmiş “Kel kardeş bizimle geleceksin. Padişahımız seni görmek istiyor.” diye emretmiş. Keloğlan buna anlam verememiş ve korkmuş. Vezire “Emin misiniz? Padişahımız neden garip bir kel oğlanı görmek istesin? Başkasını istemiştir. Hem ben gelemem. Tavşanın yaralarını iyileştirmem gerekiyor.” demiş. Vezir “Sen padişahımızın emrine karşı mı geliyorsun? Padişah seni istedi!” diye bağırmış. “Peki!” demiş Keloğlan “Geleyim de göreyim.” Uzun yolun sonunda saraya varmışlar. Keloğlan içeri girmiş. Büyük kapıyı açmış ve karşısında bir taht görmüş. Vezir, Keloğlan’a tahtın önünde beklemesini söylemiş ve odadan çıkmış. Çok beklemeden odaya yaşlı bir adam girmiş ve “Hoş geldin hazineler sultanı!” demiş. Keloğlan şaşkın bir sesle “Galiba beni birisiyle karıştırdınız. Ben sultan değilim. Hazinem de yok.” demiş. Yaşlı adam kendini tanıtmış. “Ben padişahın en yakın dostuyum. O bana çok güvenir. İyiyi ve kötüyü çok iyi anlarım. Padişahımız hazinelerine sahip çıkacak genç birini arıyor. Bu görev bugünden itibaren senindir. Seni denedim.” Keloğlan şaşkınlıkla adamı dinlemeye devam etmiş. “Bugün yoluna yaralı bir tavşan, altın dolusu kırmızı bir torba ve kafesin içinde bir kuş koydum. Tabii senden önce bu yolu

---

1 adaletli herkese aynı hakkı veren | **4 usulca** yavaşça | **9 vezir** padişahın yardımcısı | **11 emretmek** bir şeyin yapılmasını istemek | **15 karşı gelmek** kabul etmemek | **17 saray** padişahların yaşadığı büyük ve gösterişli ev | **19 taht** padişahın oturduğu büyük ve süslü koltuk yürüyen çok kişi oldu. Ama kimse senin gibi iyi kalpli değildi." O an Keloğlan bütün gün yaşadıklarının bir sınav olduğunu anlamış. Yaşlı adam "Sadece sen yaralı tavşanı kucakladın ve evinde iyileştirmek istedin çünkü merhametlisin. Sadece sen altınları almadın çünkü dürüstsün. Sadece sen kuşu kafesten kurtardın çünkü adaletlisin. Bu özelliklere sahip olan genç bir delikanlı aradık ve karşımıza sen çıktın." diye Keloğlan'ı övmüş ve "Hazinelere sultan olur musun?" diye sormuş. Keloğlan yaşlı adamın sözlerine şaşırmış ve "Padişahımız uygun gördüyse ben de bu görevi yapmaya hazırım." diye cevap vermiş. Keloğlan anasına müjdeyi vermiş ve beraber saraya gitmişler.

O günden sonra Keloğlan hazinenin sultanı olmuş. Hayatı boyunca hep merhametli, dürüst ve adaletli yaşamış.

Onlar ermiş muradına, biz çıkalım kerevetine.

---

7 övmek birine iyi yaptığı bir şeyi söylemek | **11 müjde** sevindirici haber | **14 kerevet** tahtadan olan oturma yeri **Onlar ermiş muradına biz çıkalım kerevetine.** Tekerlemenin anlamı: Masaldakiler mutlu, biz de oturalım ve dinlenelim.

Okuma Sonrası Alıştırmalar

1. **Sözcükleri doğru sıralamasına göre numaralandır.** 8

merhametli ☐ dürüst ☐ adaletli ☐

2. **Hangi sözcük, hangi resme uyuyor. Yaz.**

sekerek altın kafes ağır tuzak altınlar
ön ayaklar ağaç kırmızı bembeyaz tüy

1. ....
2. ....
3. ....

1. ....
2. ....
3. ....

1. ....
2. ....
3. ....

3. Boşlukları masaldaki sözcüklerle doldur.

a) Keloğlan para kazanmak için ne yaparmış?

Ya ormanda odun toplar ve satarmış ya

da __ i __ __ __ __ __ __ __ __ __ yardım edermiş.

b) Keloğlan tavşanı avlamak için ne yapmış?

Tavşan avlamak için bir __ __ __ a __ yerleştirmiş.

c) Keloğlan'ın karşısına son olarak kim çıkmış?

Keloğlan'ın önüne padişahın __ __ z __ __ __ çıkmış.

ç) Yaşlı adam kendini nasıl tanıtmış?

"Ben padişahın en yakın __ __ __ __ __ __ __ m."

diye tanıtmış.

4. Masalın sonunda Keloğlan hazinelerin sultanı oldu. Sence masal nasıl devam edebilir? Yaz.

....

....

....

....

....

....

Okuma Öncesi Alıştırmalar

Keloğlan ile Padişahın Küçük Kızları

1. Sayfa 44'teki resme bak. Sence masalın konusu ne olabilir? Kısaca tahminlerini yaz.

   ....

   ....

2. a) Sence hangi sıfat, hangi kahramana ait? Doğru yere yaz.

meraklı   kötü niyetli   iyi niyetli kurnaz   hain   sinirli

Keloğlan	Dev
–	– ....
–	– ....
–	– ....
–	– ....

   b) Çizelgeye sen de birer sıfat ekle.

9 5 Keloğlan ile Padişahın Küçük Kızları

Bir varmış, bir yokmuş. Evvel zaman içinde, kalbur saman içinde, ülkenin birinde kel bir oğlan anasıyla yaşarmış. Keloğlan'ın anası yaşlıymış. Keloğlan dürüst ve merhametli bir gençmiş. Para kazanmak için ormandan odun toplarmış ve pazarda satarmış.

Güneşli bir günde Keloğlan, anasından vedalaşmış ve iş aramak için köyden çıkmış. İlk önce ormandan geçmiş, bir ağaçtan elma koparmış, dereden su içmiş ve tepeleri ardında bırakmış.

dere

Birden karşısına uzakta görünen bir köy çıkmış. Köye ulaşmak için bir tarladan geçmek gerekiyormuş. Tarlayı görünce Keloğlan durmuş ve etrafına bakmış.

Keloğlan "Şu tarlaya bak hele. Ne kadar güzel. Ne kadar büyük. Ama kimsecikler yok etrafta. Bakıyorum da şu ekinin de zamanı geçiyor bile. Birinin tarlayı biçmesi lazım, yoksa emeğe yazık olacak. Tarla neden bu hale gelmiş ki? Belki sahibi anam gibi yaşlıdır." diye düşünmüş. Bunun üzerine kollarını sıvamış ve işe girişmiş. Tarlanın bir ucu, diğer ucu derken bir müddet sonra tarlayı biçmiş ve ekini hazırlamış.

tarla

İşi bitirdikten sonra Keloğlan o kadar yorulmuş ki ayakları bile titremeye başlamış. Derin bir soluk almak için büyük bir ağacın gölgesine kendisini atmış. Tam oturacakmış ki birden karşısına ne çıksın? Korkunç bir dev! Keloğlan "Amanıın! Bu dev de nereden çıktı? Şimdi bu yorgun halimle kaçamam ki." diye düşünmüş. Dev, Keloğlan'a doğru gitmiş, iyice yaklaşmış ve gözlerinden korktuğunu anlamış.

Dev, Keloğlan'a "Korkma, korkma sana bir şey yapmayacağım. Tarlamı biçmişsin. Kaç zamandır bu tarlayı nasıl düzene sokarım

---

8 ardında bırakmak arkada bırakmak | **14 ekin** buğday olması için tarlaya serptiğimiz çekirdekler | **14 biçmek** tarladaki buğdayları toplamak | **15 emek** bir şeyi yaparken harcadığımız güç | **17 kolları sıvamak** *burada:* bir işe başlamak / kazağın kollarını yukarıya çekmek | **17 işe girişmek** işe başlamak | **20 soluk almak** nefes almak | **22 dev** çok büyük ve korkunç masal kahramanı

diye düşünüyordum. Sana ne kadar teşekkür etsem azdır." demiş. Keloğlan şaşırmış ve deve bakmış. İyi niyetli olduğunu düşünmüş ve ona cevap vermiş. "Rica ederim dev efendi. Tarlanı o halde görünce iyilik yapmak istedim. Sevindiysen ne mutlu bana." Dev bunun üzerine "Sevinmek ne demek? Çok teşekkür ederim. Biliyorum çok yoruldun ama ben sana para veremem. Bu akşam misafirim ol. Beraber yemek yiyelim. Arkada gördüğün nehrin yanında evim var. Oraya git. Evde karım, üç kızım ve bir tane de kuzum var. Karıma mektup yazacağım. Mektubu ona ver de bizim için akşama çok güzel yemekler hazırlasın." diye teklif etmiş.
Keloğlan "Bu teklifi kabul edeceğim." diye düşünmüş ve devin evine doğru yola çıkmış. Meraklı olan Keloğlan biraz uzaklaşınca mektubu açmış ve okumuş. Mektupta "Karıcığım, bak ne buldum. Ufak bir kel oğlan. Tadı ne güzeldir onun. Al onu ve güzelce kızart. Bana getir ki tarlada keyifle yiyelim." yazıyormuş. Keloğlan bu sözlere çok şaşırmış. "Bak görüyor musun? Hain dev! Demek ki bana teşekkür edeceğine beni kızartmak ve yemek istiyormuş. Ben ona bir oyun oynayayım da görsün bakalım." diye içinden geçirmiş. Keloğlan mektubu yırtmış ve yeni bir mektup yazmış. Devin evine varmış ve kapıyı çalmış.
Devin karısı kapıyı açmış. Keloğlan kendini tanıtmış ve ona mektubu vermiş. Devin karısı mektubu okumuş. Mektupta bu sefer "Kuzuyu kızart ve bu kel oğlana ver. Bana getirsin." yazıyormuş. Devin karısı kuzuyu hazırlarken Keloğlan evin önünde beklemiş. İlk defa bir dev evi gören Keloğlan, devin kızlarını da merak etmiş. Onları bulmak için evin içine girmiş. Evi dolaşırken, karşısına kocaman bir kapı çıkmış. Kapının koluyla uğraştıktan sonra o odanın içine girmeyi başarmış.

---

7 nehir su yolu | **10 teklif etmek** bir şey önermek

Bir de ne görsün? Üç tane ufak tefek güzel mi güzel kız. Ama bu kızlar dev kızı değil, normal insanmış. Korkulu gözlerle odanın kenarına kaçmışlar ve Keloğlan'a bakmışlar. Keloğlan, kızların korktuklarını anlamış. Onlara "Bacılarım. Benim adım Keloğlan. Ben devin arkadaşı değilim, o yüzden benden korkmayın. Sizin bu kilitli odada ne işiniz var?" diye sormuş.

Genç kızlar önce ne diyeceklerini bilememişler. Daha sonra titrek bir sesle anlatmaya başlamışlar. "Biz padişahın küçük kızlarıyız. Güneşli bir günde nehir kenarına oynamaya gitmiştik. Oynarken hem zamanı unuttuk hem de sarayımızdan uzaklaştık. Tam dönmeye karar verdik ki karşımıza birden bu dev çıktı. Kaçmaya çalıştık ama bir işe yaramadı. Dev bizi tek tek yakalamayı başardı. O gün bugündür bizi bu odada tutuyor."

Keloğlan duyduklarına çok üzülmüş. Kızlara, onları kurtaracağına söz vermiş. "Ama nasıl yaparız? Nasıl kaçarız buradan? Diyelim ki evden çıkmayı başardık. Ya sonra?" diye kara kara düşünmüş.

Kızlardan biri "Merak etme. Bir çaresi var aslında. Devler, nehri geçemiyorlarmış. Dev, karısına anlatıyordu. Nehri geçebilirsek kurtulduk demektir." demiş. Keloğlan bu sözlere çok sevinmiş ve "Akşama beni bekleyin. Sizleri alacağım ve birlikte nehri geçeceğiz." diye kızları cesaretlendirmiş.

Padişahın kızlarıyla konuştuktan sonra Keloğlan hemen aşağıya inmiş. Kızartılmış kuzuyu almış ve devin yanına dönmüş.

Dev, Keloğlan ve kuzuyu görünce çok sinirlenmiş. Ama sinirini Keloğlan'a göstermemiş.

Yemek esnasında dev sinirlenmeye başlamış. "Bak görüyor musun şu kel oğlanı? Nasıl da kandırdı beni! Onu kolay bir av sandım ama hiç de öyle değilmiş. Sandığımdan da kurnazmış. Ama ben

---

4 **bacı** kız kardeş | 22 **cesaretlendirmek** moral vermek | 25 **sinirlenmek** çok kızmak | 28 **av** yakalanan bir şey | 29 **kurnaz** aklını kötüye kullanmak

onun hakkından gelmeyi bilirim." diye düşünmüş. Keloğlan'a bir şey belli etmemek için kuzuyu beraber yemişler.

Dev, kafasında bir plan kurarken Keloğlan da evdeki kızları düşünüyormuş. Bu yüzden tekrar eve girmenin bir yolunu arıyormuş. Yemek bittikten sonra deve "Evet, dev efendi, yedik içtik, teşekkür ederim. Gece olmadan ben artık evime döneyim yoksa yolumu bulamam." demiş.

Şaşıran dev, Keloğlan'ı bırakmak istememiş ve ona "Olmaz kel kardeş. Bu gece bırakmam seni. Orman gece vakti tehlikeli olur. Sen bu gece misafirim ol" diye teklif etmiş. Tam da bu cevabı bekleyen Keloğlan, devin teklifini geri çevirmemiş. Toparlanmışlar ve devin evine gitmişler.

Eve varınca Keloğlan bir bahaneyle yatmak istediğini söylemiş. Devin karısı bunun üzerine ona odasını göstermiş. Keloğlan onun inmesini beklemiş. Odasına bakmış ve bir ip bulmuş. Belki işine yarar diye o ipi almış ve odadan sessizce çıkmış. Keloğlan, devi ve karısını aşağıda konuşurken duymuş. Dev, karısına öfkeli bir sesle "Hele yarın olsun. Keloğlan'ı nasıl kızartacağım. Bu gece son gecesi!" demiş. Bu sözleri duyan Keloğlan'ın eli ayağına dolaşmış ve acele etmesi gerektiğini anlamış. Sessizce padişahın kızlarının odasına gitmiş.

Kızlar, Keloğlan'ı görünce sevinmişler çünkü bütün gün onu beklemişler. Gelmeyince neredeyse umutlarını kaybetmişler. Keloğlan, kızlara acele etmelerini söylemiş. Elindeki ipi pencereden aşağı sarktırmış. Kızlar da tek tek ipin yardımıyla aşağıya inmeyi başarmış. Nehre doğru koşmuşlar ama gün ışığı olmadığından yolu hemen bulamamışlar.

Uzaktan su sesi duymaya başlamışlar. Sesin nereden geldiğini bulmak için durmuş ve dinlemişler. Su sesine doğru yürümüşler ve karşılarında nehri görmüşler. Keloğlan ve padişahın kızları çok

---

1 (bir şeyin/birinin) hakkından gelmek başarmak/yenmek | **3 plan kurmak** bir amaca nasıl ulaşırım diye düşünmek | **19 elin ayağa dolaşması** heyecanlanmak sevinmişler ve bir anlık rahatlamışlar. Keloğlan "Kurtulduk, nehri bulduk. Nehri geçtikten sonra özgürüz." diye haykırmış. Birden arkadan bir ses daha duymuşlar. Dev "Buldum sizi. Nehri geçmenize asla izin vermeyeceğim." diye bağırmış. Keloğlan ve kızlara doğru koşmuş. O anda dördü de nehre atlamışlar ve yüzmeye başlamışlar. Yüzme bilmeyen dev nehre atlayamamış. Keloğlan ve padişahın kızları böylece kurtulmuşlar.

Keloğlan vakit geçmeden saraya varmış ve padişahın huzuruna çıkmışlar. Kızlarını karşısında gören padişah mutluluktan ağlamaya başlamış. Padişah "Teşekkür ederim Keloğlan. Bana kızlarımı getirdin. Ne kadar yiğit bir delikanlı olduğunu gösterdin. İyiliğine karşılık dile benden ne dilersen." demiş.

2 haykırmak sesli bağırmak | **8 padişahın huzuruna çıkmak** padişahın önüne gelmek | **11 yiğit** bir şeyden korkmayan

Keloğlan "Padişahım, kızlarınızı o durumda kim olsa kurtarırdı. Siz ve kızlarınız sağlıklı ve mutlu yaşayın. Başka bir şey istemem." diye cevap vermiş. Padişah tekrar Keloğlan'ın yiğitliğini övmüş. Onu bir sandık altınla anasının yanına göndermiş.

Gökten üç elma düşmüş. Biri bu masalı yazana, biri okuyana biri de iyilik yapmasını bilene.

Okuma Sonrası Alıştırmalar

1. Soruları cevapla.

   a) Keloğlan neden tarlayı biçmiş?

   ....

   b) Dev, Keloğlan'ı neden evine yollamış?

   ....

   c) Keloğlan, padişahın kızlarını odadan nasıl kurtarmış?

   ....

2. Bulmacayı çöz.

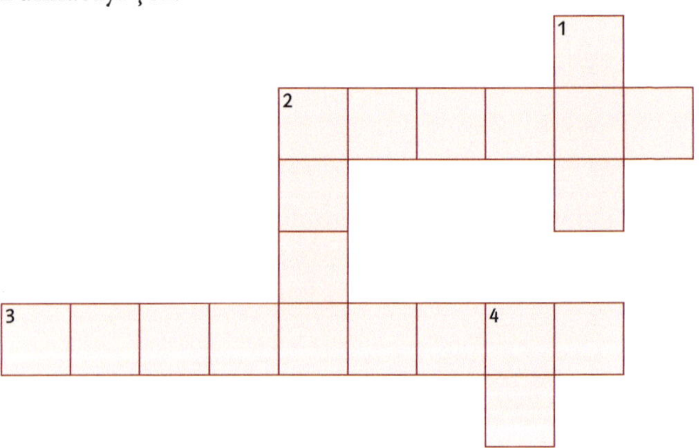

Dikey ↓

1. çok büyük ve korkunç masal kahramanı
2. kız kardeş
4. yakalanan bir şey

Yatay →

2. tarladaki buğdayları toplamak
3. yüksek sesle bağırmak

3. Zeliha ve Çağlar'ın konuşmasını dinle ve doğru cevabı işaretle. 🎧 10

a) Çağlar masalda neye sevinmiş?

☐ Keloğlan'ın devi kandırmasına
☐ Padişahın küçük kızlarına kavuşmasına
☐ Keloğlan'ın devle yemek yemesine

b) Zeliha Keloğlan'ı nasıl betimliyor?

☐ Keloğlan hem akıllı hem merhametli.
☐ Keloğlan hem dürüst hem akıllı.
☐ Keloğlan hem akıllı hem yiğit.

c) Çağlar masalın en çok hangi bölümünü beğenmiş?

☐ Masalın en çok son bölümünü beğenmiş.
☐ Masalın en çok giriş bölümünü beğenmiş.
☐ Masalın en çok gelişme bölümünü beğenmiş.

4. Keloğlan ipi ve nehri bulamasaydı, devden nasıl kurtulurdu? Yeni bir son yaz.

-miş'li geçmiş zamanı kullanmayı unutma!

....

....

....

....

....

....

....

....

Masalları Değerlendirelim

Masallar

En çok .... masalını sevdim.

.... masalını sevmedim.

Hangi masal…

	…heyecanlıydı?	… sıkıcıydı?	…komikti?
Mutluluk Şerbeti	☐	☐	☐
İkiz Prenslerin Sınavları	☐	☐	☐
Değirmende Yedi Peri	☐	☐	☐
Garip Bir Gün	☐	☐	☐
Keloğlan ile Padişahın Küçük Kızları	☐	☐	☐

Hangi masalın sonunu değiştirmek isterdin?

....

En çok hangi masalın dersini beğendin?

....

Kahramanlar

En çok .... kahramanını sevdim.

.... yerinde olmak isterdim.

Masallar ve Ben

Masalları...

a) ...kiminle okudun? ....

b) ...ne zaman okudun? ....

c) ...nerede okudun? ....

Görevleri yaparken zorlandım.

evet ☐ hayır ☐

Yazarlara Dönüt

Çağlar ve Zeliha'yla yaptığın yolculuk hoşuna gitti mi?

👍 ☐ 👎 ☐

Yazarlara söylemek istediklerim:

....

....

....

Proje Vakti

Köy Ekmeği Yapıyorum

a) Sen de Keloğlan'ın annesi gibi bugün bir ekmek hazırla. Akşam yemeğinde yaptığın ekmeği ailenle beraber afiyetle ye.

b) Ekmeği hazırlarken, annen, baban veya arkadaşın seni telefonla kaydetsin. Kayıt sırasında ekmeğin yapılışını bir aşçı gibi kameraya anlat.

Malzemeler

- 1 paket yaş maya
- 1,5 su bardağı ılık su
- 1 tatlı kaşığı tuz
- bir tutam şeker
- 3,5 su bardağı un
- 1 yemek kaşığı zeytinyağı

Hazırlanışı

1. Derin bir kabın içerisine 2,5 su bardağı unu koy. Unun ortasında bir boşluk bırak ve 1,5 su bardağı ılık suyu oraya ekle.

2. Daha sonra yaş mayayı ve bir tutam şekeri ekle. Mayayı bir kaşık yardımıyla ılık suda erit. Kabın içinde bulunan malzemeleri yoğur. Geri kalan unu yavaşça ekle ve ele az yapışan bir hamur elde et.

3. Hamuru yoğurduktan sonra üzerine zeytinyağını sür ve hamurun üzerini temiz bir bezle ört. Hamurun kabarması için yaklaşık bir saat beklet.

4. İlk önce fırını 200 dereceye ısıt. Tepsine bir yağlı kağıt koy ve hamuru içine yerleştir. Tepsiyi önceden ısıtılmış fırına ver. Ekmeğinin üzeri kızarana kadar yaklaşık 40 dakika pişir.

5. Afiyet olsun.

Bir Masal Canlandırıyoruz

a) Masallarda tanıdığın en az üç kahraman seç. Bu kahramanları örnekteki gibi şekillendir.

b) Hazırladığın kahramanlarla bir masal anlat. İstersen okuduğun bir masalı canlandır, istersen kendi masalını anlat. Kendi masalın için güzel bir sahne hazırlayabilirsin.
Daha eğlenceli olması için bu görevi bir arkadaşınla yapabilirsin.

Gerekli Malzemeler

- uzun ahşap şiş
- renkli kalemler
- istediğin renkte kağıt
- beyaz kağıt
- makas
- yapıştırıcı

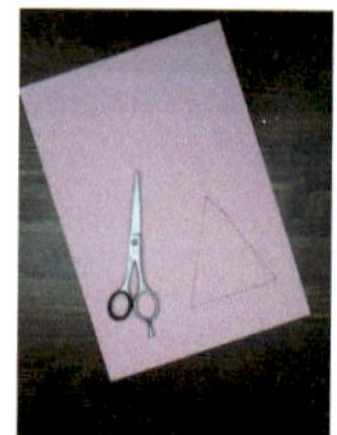

Kendi Masalımı Yazıyorum

Buraya kadar birbirinden farklı beş masal okudun. Artık kendi masalını yazma vakti geldi. Bu iki sayfa sana yardımcı olacak.

a) Kutulardaki fikirleri oku ve masalını hayal etmeye başla.

Giriş: Bir varmış bir yokmuş …

yerler: orman, saray, ev, tarla, şato, …

sihirli varlıklar ve nesneler: cadı, peri, dev, konuşan hayvanlar, …

ders: sağlık, aile, iyilik, paylaşım, merhamet, adalet, …

maceralar: uzun bir yolculuk, çözülmesi gereken sorunlar, kurtarılması gereken bir kişi, …

sonuç: Gökten üç elma düştü…,
Onlar ermiş muradına, biz çıkalım kerevetine…,

b) **Konuşma balonlarındaki soruları cevapla. Cevapları kendi masalında kullan. Masalını özel bir kağıda yaz.**

Masalında hangi kahramanlar olsun?

....

....

....

....

Masaldaki kötü kahraman kim olsun?

....

....

....

....

Seçtiğin kahramanlar nerede yaşasın?

....

....

....

....

Kahramanın hangi sihirli varlıklar veya nesnelerle karşılaşsın?

....

....

....

....

Kahramanın nasıl bir macera yaşasın?

....

....

....

....

Masalın sonunda nasıl bir ders alınsın?

....

....

....

....

c) **Kendi yazdığın ya da arkadaşlarının yazdığı masallarla bir masal kitabı oluşturun. İstersen yazdığın masalları sesli olarak kaydet.**